Wie spritzt
die Wasserspritze?

Wie funktionieren
Solarzellen?

Wie funktioniert
eine Batterie?

Warum leuchten Ziffernblätter im Dunkeln?

Warum werden
Glühbirnen heiß?

Woher weiß der Bildschirm,
wo ich ihn berühre?

Warum saugt
ein Staubsauger?

Wie schützt
eine Sonnenbrille?

Warum fliegt ein Flugzeug?

Warum ist
Feuerwerk bunt?

Impressum

Aus der Reihe
„Was Kinder wissen wollen“

6. Auflage 2010

Illustrationen: Detlef Kersten
Coverfoto: Hartmut W. Schmidt
Fotos: Fraport (43); Photodisc (9, 11, 17); Vorwerk (39); Hartmut W. Schmidt (13, 19, 21, 23, 27, 33, 37); www.istockphoto.com: Berkay KOZ (7), archives (15), RazvanPhotography (25), diego_cervo (29), himbeertoni (31), NickS (35), lisegagne (41), sierrarat (45)

Text und Redaktion: Ulrike Berger
Layoutentwurf: Christoph von Herrath
Layout: Anja Schmidt
Druck und Bindung: Proost, Belgien

ISBN 978-3-86613-257-3

Wie spült die Klospülung?

Verblüffende Antworten über Technik

velber

Wie schließt der Reißverschluss?

Ein Reißverschluss besteht zunächst aus zwei Straßen mit Dutzenden von Zähnen. Jeder Zahn besteht aus einem Haken und einer Aushöhlung. Das Prinzip ist nun, dass jeder Haken in eine Aushöhlung auf der gegenüberliegenden Straße passt. Jeder Haken hat exakt die gleiche Größe – und jedes gegenüberliegende Loch auch.
Wenn du den Schieber zuziehst, schieben sich die zwei Reihen zusammen. Durch einen kleinen Keil im Schieber wird erreicht, dass zwei Zähne genau so weit auseinander gebogen werden, dass der Zahn von gegenüber hineinschlüpfen kann.

Um den Reißverschluss zu öffnen, rutscht der Schieber in die andere Richtung. Nun biegt ein anderer Keil wie ein Pflug die beiden Reihen auseinander. Nur auf diese Weise lässt sich ein Verschluss öffnen!

Wie funktioniert ein Mikrofon?

Ein Mikrofon macht aus Schallwellen Strom. Du kannst dir eine Schallwelle wie eine Wasserwelle vorstellen – nur eben aus Luft. Im Mikrofon stößt diese Luftwelle auf eine Membran: An der anderen Seite der Membran hängt ein Metallstift. Immer, wenn die Membran schwingt, schiebt sich dieser Stift in eine Magnetspule hinein und wieder hinaus. Je lauter der Ton ist, desto stärker drückt die Luft auf die Membran und desto tiefer schiebt sich der Stab in die Spule. Genau so tief, wie sich der Stab hineinschiebt, wird dadurch in der Magnetspule Strom erzeugt: lauter Ton – viel Strom, leiser Ton – wenig Strom. Dieser Strom wird durch einen Verstärker zum Lautsprecher geschickt.

Am anderen Ende der Leitung, an den Lautsprechern, geht das Ganze anders herum: In eine Magnetspule wird Strom geschickt, dadurch schiebt sich ein Stift rein und raus. Dieser hängt an einer Membran und bewegt diese – und dadurch schickt die Membran Luftwellen ab: Töne!

Wie gelangen die Worte durch schnurlose Telefone?

In einem Telefon steckt ein Mikrofon. Es wandelt die Schallwellen von deinen Worten in elektrische Wellen um (das kannst du auf Seite 8 nachlesen). Diese Stromwellen werden wieder umgewandelt – in so genannte Funkwellen. Dein Telefonhörer schickt diese Funkwellen ab. An der Telefonbasis ist eine Antenne. Diese fängt die Funkwellen auf, wandelt sie in elektrischen Strom um. Der Strom fließt durch die Telefonleitung zur Vermittlungsstelle einer Telefongesellschaft. Diese schickt den Strom zu dem gewünschten Empfänger. An der Telefonbasis dort wird der Strom wieder zu Funkwellen umgewandelt. Der Hörer fängt die Funkwellen auf, wandelt sie zuerst in elektrische Wellen um und am Lautsprecher wieder zu Tönen – deinen Worten!

Übrigens:
Handys funktionieren im Prinzip genauso. Nur dass die Telefonbasis nicht im eigenen Haus steht, sondern in Form einer großen Mobilfunkantenne irgendwo in der Landschaft!

Wie faxt ein Faxgerät?

Kennst du das Spiel „Schiffe versenken"? Dabei sitzen sich zwei Spieler gegenüber. Jeder hat (verdeckt) ein kariertes Blatt vor sich und malt in einige der Kästchen Kreuze – die Schiffe. Ein Mitspieler beginnt dann, nach einem bestimmten Kästchen zu fragen. Zum Beispiel: „Ist bei dir im dritten Kästchen von links in der zweite Reihe von oben ein Kreuz?" Der andere sagt, ob dort ein Kreuz ist. Und so weiter.

Genau so funktioniert auch ein Faxgerät. Es zerlegt die Seite, die gefaxt werden soll, in lauter winzig kleine Kästchen. Bei dem Sendegerät ist ein kleiner Abtaster. Dieser fährt ganz langsam, Kästchen für Kästchen, über das zu sendende Blatt und meldet an das Empfangsgerät: Kästchen eins bis sieben sind weiß, Kästchen acht schwarz, Kästchen neun wieder weiß und so weiter. Auf der anderen Seite malt ein kleiner Stift im Empfangsgerät das Blatt Kästchen für Kästchen genau dort an, wo es ihm gesagt wurde. Und so entsteht auf der anderen Seite der Leitung eine genaue Kopie der gesendeten Seite!

SHARP
Normalpapierfax
MEMORY
STOP
ABRUF
FUNKTION
• Papier behutsam einlegen!
• Nicht in den Zuführschacht hineinpressen!
PRESSE - UND
INFORMATIONSSTELLE
PRESSEMITTEILUNG

Wie kommt das Bild auf den Fernseher?

Wenn du auf einen Fernseh-Bildschirm guckst, sieht es so aus, als ob sich die Bilder bewegen würden. In Wirklichkeit jedoch werden jede Sekunde 25 einzelne Bilder gesendet. Das geht so schnell, dass du es gar nicht bemerkst und nur zum Beispiel ein fahrendes Auto siehst.
Aber es kommt noch besser: Jedes einzelne Fernsehbild besteht aus 625 Zeilen, die Punkt für Punkt von oben nach unten durch einen Lichtstrahl aufgebaut werden. Der Lichtstrahl besteht dabei aus drei einzelnen Strahlen: rot, grün und blau. Schau dir einen Fernsehbildschirm von der Seite an, du kannst die einzelnen Punkte in ihren drei Farben gut erkennen! Die Mischung aus diesen drei Farben ergibt genau die Farbe, die das Fernsehbild an dieser Stelle haben soll.

Dieser dreifache Lichtstrahl jagt in einem riesigen Tempo über die Bildröhre und zeichnet das Bild Zeile für Zeile auf den Fernsehschirm. 25-mal in der Sekunde malt er so ein neues Bild!

Wo ist die Musik auf der CD?

Die Technik, Musik auf CD zu speichern, ist noch recht jung. Erst seit Anfang der 80er Jahre gibt es die kleinen Silberscheiben. Auf einer CD werden die Schallwellen „digital" gespeichert – das heißt: als Zahlen. Jede Schall-Welle wird in viele einzelne Streifen zerlegt – und jeder Streifen wird in seiner Höhe gemessen. Ein Schallwellen-Berg ist so zum Beispiel aus den Zahlen 1 2 3 4 5 5 4 3 2 1 aufgebaut.

Eine CD besteht aus einer einzigen langen Spiral-Spur. Diese ist insgesamt über acht Kilometer lang! Auf der Spirale liegen winzig kleine Kästchen hintereinander. Für jeden Streifen des Wellenbergs ein Kasten. Die Kästchen sind immer so lang wie der Streifen hoch ist: „Einser"-Kästchen sind also ganz kurz, „Fünfer"-Kästchen deutlich länger. Über den Kästchen ist eine Lack-Schutzschicht, damit sie nicht zerkratzt werden.

Ein Laserstrahl tastet diese Spur ab und sagt dem CD-Spieler, wie lang die jeweiligen Kästchen sind. Und der CD-Spieler baut aus den Zahlenangaben wieder Schallwellen, die du dann hören kannst.

Wie läuft ein Motor?

Das Wichtigste am Auto ist der Motor. Und der läuft nur dann, wenn es explodiert. Zu dieser Explosion kommt es, sobald Benzin mit Luft gemischt wird und Feuer fängt. Im Motor wird der Explosionsdruck wie bei einem Kanonenrohr in eine bestimmte Richtung gelenkt.
Und das geht so:
In einem Motor sitzen mehrere so genannte Zylinder nebeneinander. Sie sind in ihrem Bauch durch eine Kurbel verbunden. In den Zylinderköpfen wird ein bisschen Benzin mit Luft gemischt und von einer Zündkerze angezündet. Durch die Explosion jagt in den Zylindern ein Kolben nach unten. Er bekommt Schwung, schwingt sich wieder nach oben – und dreht dabei die Kurbel im Bauch einmal im Kreis herum. Dann wird neues Benzin hineingespritzt, es wird wieder entzündet und das Ganze beginnt von vorne. So wird die Kurbel bei jeder Explosion eines Zylinders immer wieder angetrieben. Und deswegen „läuft" der Motor!

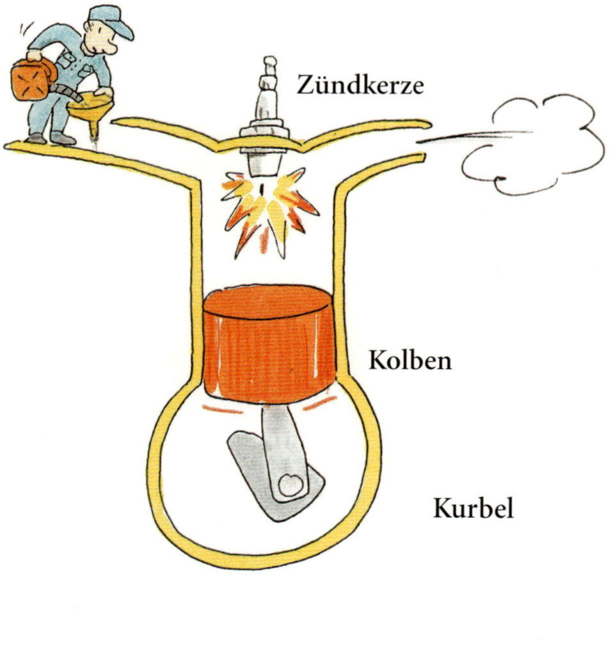

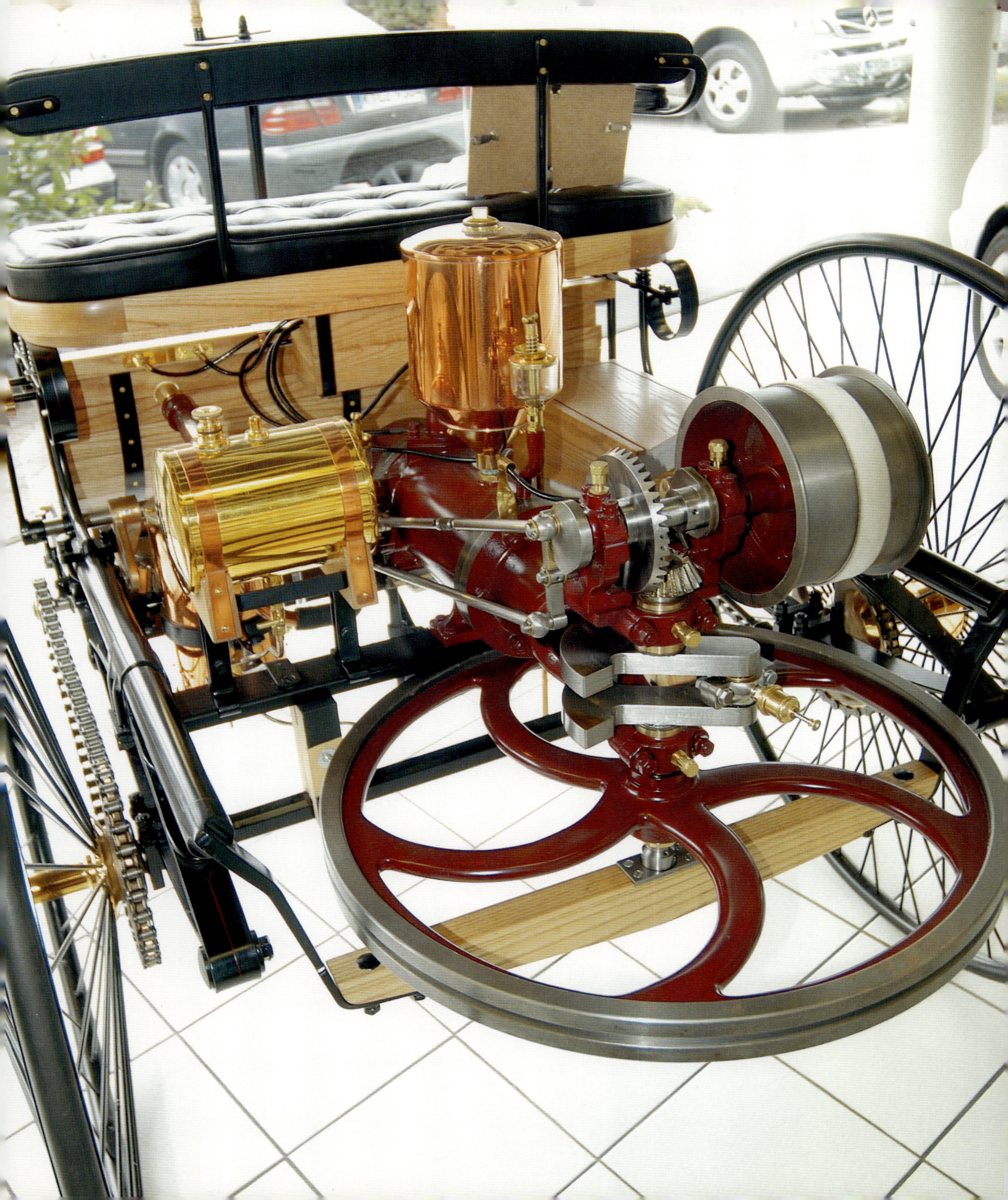

Wie kühlt der Kühlschrank?

Ein Kühlschrank kühlt durch Kühlmittel. Es fließt durch Rohre innen durch den Kühlschrank, danach außen, immer im Kreis herum. Im Kühlschrank nimmt es die Wärme auf und gibt sie außen wieder in die Küche ab.
Um das genauer zu verstehen, kannst du eine Fahrradpumpe in die Hand nehmen. Halte vorne das Ventil mit einem Finger zu und drücke die Luft in der Pumpe fest zusammen. Merkst du, dass es vorne am Ventil ganz heiß wird? Wenn man Gas (Luft ist ein Gas!) zusammenpresst, wird es warm! Das Gleiche gilt umgekehrt: Wenn der Druck auf ein Gas plötzlich nachlässt und es sich ganz weit ausbreiten kann, wird es kalt. Auch das Kühlmittel ist ein Gas, ein eiskaltes Gas: minus 20 Grad! Wenn es im Kühlschrank fließt, gibt der Kühlschrank seine Wärme an die kalten Rohre ab. Das Kühlmittel selbst wird dabei natürlich wärmer. Dann fließt es nach außen. Noch ist es aber kühler als die Raumluft, es kann die Wärme von innen nicht abgeben. Deswegen wird das Kühlmittel ganz fest zusammengepresst. Dabei wird es wärmer als die Raumluft. Jetzt kann es seine Wärme in den Raum abgeben. Die Wärme von innen im Kühlschrank ist nun also in der Küche! Kurz bevor das Kühlmittel zurück in den Kühlschrank fließt, lässt der Druck auf das Kühlmittel nach. Das Gas darf sich weit ausdehnen und wird sofort wieder eiskalt: minus 20 Grad!

Körniger
Frischkäse
e 250 g
Schlagsahne
Exquisa

Wie spült die Klospülung?

Guck dir einen Spülkasten mal genau von innen an! Im Spülkasten sind ungefähr acht Liter Wasser – ein Eimer voll. Durch den Knopfdruck wird der Stöpsel gezogen, das Wasser fließt mit Schwung hindurch. Im Abfluss entsteht so ein Sog. Dieser Sog ist wichtig, nur so wird die Toilette wirklich gespült!
Gleichzeitig öffnet sich durch den Knopfdruck der Zulauf und frisches Wasser strömt langsam wieder in den Spülkasten ein. Aber nicht so schnell, wie das „alte“ Wasser ausströmt! Wenn nur noch wenig Wasser im Kasten ist, rutscht der Stöpsel wieder auf den Ausfluss und verschließt ihn. Nun füllt sich der Spülkasten mit Wasser. Damit der Kasten nicht überläuft, ist oben am Wasserhahn ein Plastikteil angebracht, der „Schwimmer“. Er schwimmt auf der Wasseroberfläche. Sobald die Oberfläche eine bestimmte Höhe erreicht hat, schiebt der Schwimmer den Zulauf wieder zu. Bis zum nächsten Klogang …
Ganz schön raffiniert das Ganze, ohne Elektrizität und Computer – nur eine ausgetüftelte Mechanik!

Warum geht's leichter mit Gangschaltung?

Stell dir vor, du musst ein schweres Paket die Treppe hinauftragen. Einfacher geht es, wenn du es auspackst und in kleinen Teilen hochträgst. Die einzelnen Teile sind leichter – aber dafür musst du häufiger laufen.
Ähnlich funktioniert auch die Gangschaltung. Die Pedale treiben das große Zahnrad, das Kettenblatt, an. Dadurch wird die Kette bewegt, die das hintere kleinere Zahnrad, das so genannte Ritzel, antreibt – und das Fahrrad rollt los. Hinten sind verschiedene Ritzel. Große mit vielen Zähnen und kleine mit weniger Zähnen. Nehmen wir an, das vordere Kettenblatt hat 40 Zähne, das hintere Ritzel nur zehn. Wenn das vordere Blatt eine Umdrehung macht, dreht sich das Hinterrad viermal! Das braucht Kraft – aber das Fahrrad fährt schnell! Am Berg suchst du ein anderes Ritzel aus, eines mit vielleicht 40 Zähnen? Dann muss sich das vordere Kettenblatt ein ganzes Mal drehen, bevor das Hinterrad einmal im Kreis herum ist. Das geht deutlich leichter – aber du kommst nicht so weit!

Wie spritzt die Wasserspritze?

Fülle ein Glas halb voll mit Wasser. Nun stellst du einen Strohhalm hinein. Mache einen Schnitt in den oberen Teil des Strohhalms und knicke ihn dort um – so, wie auf der Zeichnung zu sehen ist. Nun puste durch den Strohhalm. Was passiert? Weil du oben am Knick Luft wegpustest, entsteht dort ein Unterdruck. Sofort schiebt sich von unten Wasser in den Strohhalm hinein bis zum Knick. Dort trifft das Wasser auf deine Puste und wird versprüht! Genau so funktionieren auch Spritzpistolen und Wasserspritzen. Nur dass du hier nicht pusten musst – sondern den Luftstrom mit einem Hebel auslöst.

Wie funktioniert eine Batterie?

Ein Wasserkreislauf besteht aus den Wasserrohren und einer Pumpe. An einer Stelle steht zum Beispiel ein Wasserrad. Wenn die Pumpe das Wasser bewegt, fließt es durch die Rohre und treibt das Wasserrad an. Wenn die Pumpe stillsteht, fließt kein Wasser mehr.
Statt eines Wasserrads ist in einem Stromkreis zum Beispiel eine Glühbirne, die Wasserrohre sind die Kabel und die Pumpe ist die Batterie. Wenn alle Teile zusammen geschlossen sind, pumpt die Batterie Elektronen, allerwinzigste Teilchen, durch das Kabel. Nun fließt Strom und die Birne leuchtet!

Aber warum kann eine Batterie pumpen? Sie hat zwei verschiedene Enden: zum Beispiel Zink, das ist der Minus-Pol, und Kohle (Pluspol). Wenn diese beiden Enden durch ein Kabel miteinander verbunden werden, werden die Elektronen vom Minus-Pol der Batterie hinüber zum Pluspol gepumpt, der Strom fließt!
Und warum wird eine Batterie leer? Das hat mit einer chemischen Reaktion, der „Oxidation“, zu tun. Oxidation passiert auch, wenn dein Fahrrad rostet: Irgendwann ist ein Loch im Rahmen. So ungefähr ist das auch bei dem Zink-Ende der Batterie: Es oxidiert („rostet“), dabei gibt es die Elektronen für den Stromkreis frei. Aber irgendwann ist es durchgerostet! Dann gibt es nicht mehr genug Elektronen für den Stromkreis und die Batterie ist leer.

Wie funktionieren Solarzellen?

Solarzellen siehst du heute an vielen Stellen: auf Taschenrechnern, Parkuhren, Häusern. Meist sind das „Photovoltaik“-Zellen. „Photo“ kommt von Licht, „voltaik“ heißt Strom. Solche Zellen bestehen aus Silicium. Wenn die Sonne scheint, schlägt das Licht allerwinzigste Teilchen aus dem Silicium heraus – Elektronen.

Diese Elektronen schwirren nun frei im Silicium herum. Mithilfe eines kleinen elektrischen Feldes in der Solarzelle wird erreicht, dass die Elektronen nicht kreuz und quer herumfliegen, sondern sich im Kreis bewegen. Elektronen, die im Kreis herumsausen, sind ein Stromkreis! Solange Licht auf das Silicium fällt, wird dieses Elektronenkarussell immer wieder angeschoben – es dreht sich und erzeugt so Strom!

Warum leuchten Ziffernblätter im Dunkeln?

Ziffernblätter, die im Dunkeln leuchten, Leuchtsterne und sonstige Nachtleucht-Objekte sind mit einer speziellen Farbe bestrichen. Diese besteht aus Zinksulfid, Kupfer, Chlor und Salz.

Nachtleuchtfarbe ähnelt einer Solarzelle. Auch hier schlägt das Licht Elektronen aus der Farbe heraus. Die Elektronen gehen jetzt aber nicht auf große Wanderschaft durch die ganze Farbe, sondern sie drehen sich nur um sich selbst. Durch dieses Kreiseln beginnen sie zu leuchten. Nachtleuchtfarbe leuchtet also die ganze Zeit, wenn Licht darauf fällt. Aber solange es hell ist, bemerkst du das nicht. Bei Dunkelheit leuchtet die Farbe noch eine Weile weiter. Denn die Elektronen haben noch ziemlich viel Schwung von der Kreiselei. Solange sie sich noch weiter drehen, leuchtet auch die Farbe. Irgendwann kommen immer mehr Elektronen zur Ruhe. Die Farbe wird langsam dunkler und irgendwann leuchtet sie gar nicht mehr – bis erneut Licht darauf fällt und die Elektronen wieder mit ihrem Tanz beginnen können.

60
5
10
15
20
25
30
35
40
45
50
55

Warum werden Glühbirnen heiß?

Licht und Wärme gehören bei menschlicher Technik immer zusammen. Schalte einmal (gemeinsam mit einem Erwachsenen!) eine Ceran-Kochplatte ein. Eigentlich soll sie nur heiß werden – aber sie beginnt auch, rot zu glühen!
Wenn etwas also heiß ist, beginnt es fast immer auch zu leuchten. Und umgekehrt gilt das Gleiche: Was leuchtet, wird auch immer warm – oder sogar richtig heiß! 95 Prozent der Kraft einer normalen Glühbirne wird für die Wärme gebraucht. Stell dir vor, du kaufst im Laden fünf Beutel Licht. Die bekommst du nur, wenn du gleichzeitig 95 Beutel Wärme kaufst! Ganz schön teuer das Licht, nicht wahr? Deswegen gibt es Energiesparlampen – sie brauchen nicht ganz so viel Wärme zum Leuchten.

Übrigens:
Die Natur macht viel besseres Licht als wir Menschen. Das Leuchten von Glühwürmchen zum Beispiel ist kalt! 90 Prozent ihrer Kraft wird fürs Leuchten ausgegeben, nur 10 Prozent verlieren sie dabei als Wärme. Forscher versuchen noch immer herauszufinden, wie die Tiere das machen.

Woher weiß der Bildschirm, wo ich ihn berühre?

Es gibt drei Arten von so genannten „Touchscreens". Der „Widerstand"-Bildschirm reagiert auf Druck. Wenn du mit deinem Finger oder einem Stift auf den Bildschirm drückst, drückst du zwei Scheiben zusammen. Genau dort fließt dann Strom und der Computer erkennt das.
Oder der Bildschirm arbeitet mit Ultraschallwellen. Du kannst dir diesen Bildschirm wie einen gleichmäßig plätschernden Fluss vorstellen. Wenn du ihn berührst, veränderst du das Wellenmuster. Je nachdem, wo du berührst, erreicht ein anderes Wellenmuster den Rand. So erkennt der Computer, wo du gedrückt hast.
Der dritte Bildschirm nutzt aus, dass dein Körper Strom leiten kann. Wenn du den Bildschirm mit dem Finger (ein Stift funktioniert hier nicht!) berührst, fließt etwas Strom über deinen Finger. Du spürst das nicht – aber der Computer.

Übrigens:
Woher erkennst du, wie der Bildschirm arbeitet? Versuche, ihn mit zwei Stiften gleichzeitig zu berühren. Wenn sich nichts tut, arbeitet er nach dem Stromprinzip. Wenn der Cursor nur unter einem Stift ist, ist es ein „Wellen"-Bildschirm, wenn der Cursor in der Mitte zwischen beiden Stiften ist, ist es ein „Widerstand"-Bildschirm.

Abfahrtsbahnhof
Bitte wählen Sie einen der angezeigten Bahnhöfe
Fahrkarten
DB
Fahrplanauskunft
Unternehmensanleihen
European Energy Consult Holding AG
8,15 % Zinsen p.a.
Info-Hotline 0800 - 9 22 22 33*
Bitte drücken Sie auf den Bildschirm!
VISA
Fahrplanauskunft und
Bargeldlos.

Warum saugt ein Staubsauger?

Einen Staubsauger kannst du mit einem Strohhalm vergleichen. Wenn du an einem Strohhalm saugst, entsteht am oberen Rand ein Unterdruck. Dadurch wird der Saft im Glas nach oben in deinen Mund gedrückt. Nach dem gleichen Prinzip funktioniert ein Staubsauger. Der Strohhalm ist das lange Rohr. Das Saugen wird durch einen Ventilator im Staubsauger erzeugt. Weil der Ventilator die Luft aus dem Staubsauger hinausbläst, entsteht hinter dem Ventilator im Staubsauger ein Unterdruck.

Sofort drückt neue Luft von vorne in das Staubsaugerrohr hinein – und schiebt dabei den ganzen Staub aus der Nähe mit hinein. Im Staubsauger ist am Ende des Rohrs ein Staubbeutel. Die Luft kann durch den Beutel hindurch und wird vom Ventilator wieder hinausgeblasen. Der Staub aber bleibt im Beutel hängen!

VORWERK
Kobold 130

Wie schützt eine Sonnenbrille?

Unsere Augen stellen sich von selbst auf helles Licht ein: Die Pupillen ziehen sich zusammen und so fällt weniger Licht ein. Wenn das nicht mehr hilft, kneifen wir die Augen zusammen – und wenn es dann immer noch zu hell ist, wie beim Ski fahren, werden die Augen geschädigt. Deswegen gibt es Sonnenbrillen. Sie lassen einfach nicht alles Licht durch. Je dunkler sie sind, desto weniger Licht kommt im Auge an.
Aber Sonnenbrillen müssen noch mehr können! Sie haben UV-Filter und verhindern so, dass das schädliche unsichtbare UV-Licht ins Auge trifft. UV-Licht kann Augen schwer verbrennen!
Noch bessere Sonnenbrillen haben „Polarisationsfilter". Denn Schneeflächen oder die Wasseroberfläche eines Sees wirken wie ein Spiegel und werfen die Sonnenstrahlen wieder zurück. Dieses Licht „von unten" blendet uns ganz besonders. Polarisationsfilter verhindern, dass dieses „reflektierte" Licht ins Auge fällt.

Übrigens:
Billige Sonnenbrillen, die kein UV-Licht ausfiltern, schädigen die Augen! Denn die Pupillen bleiben durch die abgedunkelten Gläser weit geöffnet – und nun können sogar besonders viele UV-Strahlen ins Auge treffen!

Warum fliegt ein Flugzeug?

Damit ein Flugzug fliegen kann, ziehen zwei starke Kräfte an der Maschine: der Vortrieb und der Auftrieb.

Für den Vortrieb sind die Motoren verantwortlich. Sie ziehen das Flugzeug nach vorne. Erst wenn ein Flugzeug eine hohe Geschwindigkeit erreicht hat, kommt die zweite Kraft dazu: der Auftrieb. Dafür sorgen die Flügel. Wenn man sich diese Flügel von der Seite anguckt, dann sind sie unten fast gerade. Aber die Oberseite ist nach oben gewölbt. Bei einer bestimmten Geschwindigkeit des Flugzeugs fließt die Luft so um den Flügel, dass die Luft über der Tragfläche schneller strömt als unter der Tragfläche. Das führt zu Druckunterschieden und Wirbeln am vorderen Ende der Tragfläche. So entsteht der Auftrieb, der das Flugzeug nach oben zieht.

Ein Experiment:

Halte einen Papierstreifen an einer Seite fest. Dann hängt er im Bogen herunter. Nun blase oben über den Streifen. Luftwirbel entstehen, der Streifen beginnt zu flattern – und steigt nach oben!

MEGATOP
PB

Warum ist Feuerwerk bunt?

Feuerwerk enthält verschiedene Sorten Schwarzpulver – auch Schießpulver genannt, heute meist so genanntes „Kaliumperchlorat“. Das Pulver ist so in den Feuerwerkskörper eingebaut, dass alles wie durch ein Kanonenrohr nach oben hinaus in den Himmel schießt.

Wenn das Feuerwerk aber nur aus Kaliumperchlorat bestehen würde, wäre alles orange. Deswegen mischt man noch eine Leuchtladung dazu. Sie besteht aus verschiedenen Metallpulvern. Strontium brennt zum Beispiel rot, Natrium gelb und Barium grün.

In der Reihe „Was Kinder wissen wollen" sind bereits folgende Titel erschienen:

Was wäscht der Waschbär?

Verblüffende Antworten aus der Tierwelt

ISBN 978-3-86613-072-2

Woher kommen Blitz und Donner?

Verblüffende Antworten über Himmel und Erde

ISBN 978-3-86613-073-9

Warum haben wir zehn Zehen?

Verblüffende Antworten über den Körper

ISBN 978-3-86613-200-9

Wie kommen die Streifen in die Zahnpasta?

Verblüffende Antworten aus dem Alltag

ISBN 978-3-86613-201-6

Hatten Dinos Karies?

Verblüffende Antworten über die Saurier

ISBN 978-3-86613-239-9

Woher weiß der Toast, wann er fertig ist?

Verblüffende Antworten aus dem Alltag

ISBN 978-3-86613-240-5

Wie viele Höcker hat ein Kamel?

Verblüffende Antworten aus der Tierwelt

ISBN 978-3-86613-256-6

Wie spült die Klospülung?

Verblüffende Antworten über Technik

ISBN 978-3-86613-257-3

Können Schmetterlinge hören?

Verblüffende Antworten über kleine Tiere

ISBN 978-3-86613-227-6

Was spuckt ein Vulkan?

Verblüffende Antworten über Naturgewalten

ISBN 978-3-86613-228-3

Wo ist im Weltalll oben und unten?

Verblüffende Antworten über den Kosmos

ISBN 978-3-86613-237-5

Welche Pflanzen haben Zähne?

Verblüffende Antworten über Pflanzen

ISBN 978-3-86613-610-6

Wie kommt der Ritter in die Rüstung?

Verblüffende Antworten über das Mittelalter

ISBN 978-3-86613-270-2

Wie macht die Kuh die Milch?

Verblüffende Antworten über den Bauernhof

ISBN 978-3-86613-269-6

Können Fische rülpsen?

Verblüffende Antworten über das Meer

ISBN 978-3-86613-282-5

Warum hat ein Bagger Zähne?

Verblüffende Antworten über Baustellen

ISBN 978-3-86613-283-2

Warum stinkt der Käse?

Verblüffende Antworten über Essen und Trinken

ISBN 978-3-86613-293-1

Warum tragen Indianer Federn?

Verblüffende Antworten über Indianer

ISBN 978-3-86613-294-8

Wann darf der Lokführer aufs Klo?

Verblüffende Antworten über die Bahn

ISBN 978-3-86613-524-6

Wo beginnt der Regenbogen?

Verblüffende Antworten über Himmel und Erde

ISBN 978-3-86613-507-9

Wie schnell ist die Feuerwehr?

Verblüffende Antworten über die Feuerwehr

ISBN 978-3-86613-523-9

Frieren Pinguine an den Füßen?

Verblüffende Antworten über Eis und Schnee

ISBN 978-3-86613-525-3

Wie kommt der Fisch in die Stäbchen?

Verblüffende Antworten aus dem Alltag

ISBN 978-3-86613-533-8